»Wann immer auf William Carlos Williams die Rede kommt, herrscht uneingeschränkte Freude. Er gehört zu den Dichtern, die bis heute faszinieren, und ist der beliebteste Dichter Amerikas.
Die Liebe spielt in der Dichtung von William Carlos Williams eine, wenn nicht *die* zentrale Rolle. Aber nicht in dem Sinne einer narzißtischen Liebeslyrik, die die Entzückungen und Enttäuschungen der körperlichen Liebe in immer neue Worte kleidet – Indiskretionen sind bei diesem Dichter nicht zu erwarten –, sondern im Sinne einer Weltumarmung. Dieser Geograph des Sinnlichen geht über den Einzelfall hinaus, er entwickelt keine Theorie der Gefühle, sondern ein Gefühl für die Welt, die ihn umgibt. Gleich weit entfernt von einem romantischen Gefühl, von fiebriger Begierde und Liebe als Abstraktion lehrt uns dieser nie verächtliche Dichter, was Liebe zu Menschen und Dingen sein könnte: eine oftmals geradezu kindliche Werbung für die gewaltige Aufgabe des Herzens.« (Michael Krüger)

insel taschenbuch 3343

William Carlos Williams

Liebesgedichte

William Carlos Williams
Liebesgedichte

Ausgewählt und mit
einem Nachwort versehen
von Michael Krüger

Insel Verlag

2. Auflage 2017

Erste Auflage 2008
insel taschenbuch 3343

Vertrieb durch den Suhrkamp Taschenbuch Verlag
Satz: Hümmer GmbH, Waldbüttelbrunn
Printed in Germany
Umschlag: hißmann, heilmann, hamburg
ISBN 978-3-458-35043-9

Liebesgedichte

Liebeslied

ER

Du tratest zwischen mich und den schreckeinflößenden
Mond, seine Gegenwart, die Sterne, die Sonne und
die Erde
mit all ihrem verwachsenen Dickicht. Des Lebens Elend
dunkelte unter deinem Schatten, doch für mich
war dein Gesicht Licht, deine Hände
sanfter Regen, die Stimme von deinen Lippen
trug mich wie den Vogel die Luft.
Ich breitete meine Arme weit und spürte dich über mir
und schaute hoch und atmete tief! Tief,
tief! ein April an jeder Fingerspitze!

SIE

Mit deinen Augen, mit dem, was zwischen deinen Worten
im Grün der Bäume schaukelt wie Vögel, die singen
kamst du zu mir und hast mich erfüllt, ganz und gar,
daß meine Jugend ich wieder schätze und sie nie
zu verlieren wünsche – sie ist nicht mehr mein, sie ist dein
und fest will ich sie halten, sicher und auf immer in mir.

(nach einer Pause)

SIE

Dein Liebeslied hält ein, ein Refrain.

ER

Dein Lied ist fix.

(1918)

Liebe

Liebe ist zweifach, nie einfach,
Gold und Silber in eins gemischt,
Sind Leidenschaft und Schmerz entfacht,
Bist du verlor'n in glänzender Gischt.

Schmerz ist's nicht, staunend das Mitleid erstirbt,
Pochend der Herzschmerz entflieht,
Leidenschaft ist's nicht; überreif verdirbt,
Im Nu gebor'n, im Nu zerstiebt.

Liebe ist zweifach, nie einfach,
Gold und Silber in eins gemischt,
Sind Leidenschaft und Schmerz entfacht,
Bist du verlor'n in glänzender Gischt.

(1909)

Aprilerinnerung

Du sagtest, Liebe sei dies und das
Pappelschnee und Weidenkätzchen
Wind und Regenkamm
Tropfen und Guß, Tropfen und Guß –
die Äste treiben auseinander! Ach!
Die Liebe hat dieses Land noch nie gesehn!

(1921)

Offenbarung

Ich erwachte glücklich, das Haus
War fremd, Stimmen
Wie über einen Spalt,
Durch den ein Mädchen
Kam und dastand,
Und nach mir griff –

Da erinnerte ich mich.
Ich hatte geträumt –
Ein Mädchen
Das ich gut kannte
An meine Autotür gelehnt
Streichelte sie meine Hand –

Wenn ich sie auf der Straße wiedersehe
Sollten wir von dem und das
Sprechen –
Doch nie hör ich auf
Und suche
In ihren Augen diesen stillen Blick –

(1914)

Hochzeit

So verschieden, jener Mann
Und diese Frau:
Der Fluß strömt
Durch ein Feld.

(1916)

Die junge Hausfrau

Um zehn Uhr früh läuft die junge Hausfrau
im Schlafrock herum hinter der Holzwand
im Haus ihres Mannes.
Allein im Auto fahr ich vorbei.

Dann wieder tritt sie heraus auf die Straße
und ruft den Eismann, den Fischhändler, steht
ohne Büstenhalter scheu da, streicht
die losen Haare zurecht, und ich sage mir:
Sie ist wie ein abgefallenes Blatt.

Meine lautlosen Reifen gehn eilig
raschelnd hin über dürres Laub,
und ich grüße und fahre lächelnd vorbei.

(1916)

Danse Russe

Wenn meine Frau schläft
wenn das Kleine und Kathrin
wenn sie schlafen
und die Sonnenscheibe flammend
weiß in seidenen Nebeln
über schimmernden Bäumen steht, –
wenn ich dann in meinem Zimmer
nördlich, nackt, grotesk
vor meinem Spiegel tanze,
schwenk mein Hemd mir um den Kopf
und mir leise selbst zusinge:
»Ich bin einsam, einsam,
und zum Einsamsein geboren,
einsam bin ich auf der Höhe!«
Wenn ich Arme und Gesicht,
Schultern, Flanken, Hintern an mir selbst
bewundre vor den gelben Jalousien, –

Wer leugnet dann, daß ich hier glücklich
und mein guter Hausgeist bin?

(1917)

Liebeslied

Zerknickte Gänseblümchen
Blütenblätter die Nachrichten vom Tag
die Stengel, lang wie Gras
kleben an den Schuhen
reißen in der Mitte, lassen
Wurzel und Blätter unversehrt.

Schwarze Äste
tragen Blattrechtecke
hoch zum Wipfeldach.
Sie halten gut
doch brechen mit Krachen
zeigen ihr Weiß!

Deine Stimmungen sind langsam
wie das fallende Laub
und sicher
wie seine Wiederkehr im Mai!

Wir spazierten
im Garten deines Vaters
und sahen Rieseneichen
entwurzelt
aus der Erde ragen.

(1917)

Liebeslied

Feg das Haus rein,
häng Vorhänge
vor die Fenster,
zieh ein neues Kleid an
und komm mit mir!
Die Ulme verstreut
ihre kleinen Laibe
süßen Wohlgeruchs –
aus einem weißen Himmel!

Wer in der nächsten Stunde
wird uns hören?
Soll er sagen
eine Wolke Duft
barst von den schwarzen Zweigen.

(1917)

Tugend

Und? Warum –
Tosbecken aus
Orange und Purpurflammen
Federn Chromschlieren
vor grünem Grund
getrichtert auf
den dampfenden Phalluskopf
der verrückten Sonne zu,
geschwärztes Karmesin!
Und?

Warum –
es ist ihr Lächeln
ihr Duft
ihr vulgär einladender Mund!
Es ist – Oh, nichts Neues
nichts, das eine Ewigkeit
währt, nichts, das man
verpfänden könnte
nichts –
außer der Konzentration eines Auges
das ins Leere blickt!

Komm! hier sind –
schielende Männer, ein Junge
mit Augenklappe, Männer, die in Hemden
stolzieren, Männer mit Hüten

dunkle Männer, ein Blasser
mit schmalem schwarzem Schnurrbart
und dreckig weißem Kittel
fette Männer mit Puddinggrimassen
magere Gesichter, verzogene Fratzen
Schlitzaugen, graue Augen, fast schwarze Pupillen
alte Männer mit dreckigen Bärten
Männer mit goldenen Uhr-
Ketten vor den Westen. Komm!

(1917)

Riposte

Verehrte Mitbürger,
Liebe ist wie Wasser wie Luft
sie reinigt und vertreibt die üblen Düfte.
Sie ist wie Poesie –
und aus keinem anderen Grund.

Verehrte Mitbürger,
Liebe ist so kostbar
wäre ich wie Ihr, ich hielte sie
hinter Schloß und Riegel –
wie die Luft wie der Atlantik
wie die Poesie!

(1917)

Liebeslied

Hier liege ich und denke an dich: –

die Liebe kam als Fleck
über die Welt!
Gelb, gelb, gelb
frißt sich in das Laub
beschmiert mit Safran
die gehörnten Zweige
die sich schwer
zum Purpurhimmel recken!
Da ist kein Licht
nur ein honigzäher Fleck
der von Blatt zu Blatt tropft
von Zweig zu Zweig
und die Farben der ganzen
Welt verdirbt –
du da, weit hinter
dem weinroten Saum im Westen!

(1917)

Bildnis einer Dame

Deine Schenkel sind Apfelbäume,
die Blüten reichen zum Himmel.
Welchem Himmel? Dem Himmel
in den Watteau den Schnallenschuh
einer Dame hing. Deine Knie
sind eine südliche Brise – auch
ein Schneewind. Ach was! wer
war dieser Fragonard denn?
– Als käme es darauf
an. Ja richtig – unter
den Knien, weil es mir grad
in mein Lied paßt, da ist
ein weißer Sommertag,
das hohe Gras deiner Knöchel
flimmert am Strand –
Welchem Strand? –
es haftet Sand an meinen Lippen –
Welchem Strand denn?
Ach, Blüten von mir aus. Wie
soll ich das wissen?
Welcher Strand? Welcher Strand?
Ich habe Apfelblüten gesagt.

(1920)

Warten

Wenn ich allein bin, bin ich glücklich.
Die Luft ist kühl. Der Himmel ist
gesprenkelt und getüpfelt und mit
Farbe umwunden. Die scharlachroten Adern
der Sassafrasblätter
hängen dicht gedrängt vor mir
in Schwärmen an den schweren Ästen.
Wenn ich zur Tür hereinkomme
begrüßt mich
das glückliche Geschrei meiner Kinder
und das Herz sinkt mir.
Ich bin fertig.

Sind meine Kinder mir nicht so lieb
wie fallende Blätter oder
muß man blöd werden
um zu altern?
Es sieht so aus, als hätte das Leid
mir ein Bein gestellt.
Wir werden sehen, wir werden sehen.
Was wollte ich ihr sagen
wenn mir geschehen sollte
wie mir jetzt geschehen ist?

Ankunft

Und doch kommt einer irgendwie an,
sieht sich die Haken
ihres Kleids
in einem fremden Schlafzimmer lösen –
spürt, wie der Herbst
seine seidenen und leinenen Blätter
um ihre Knöchel fallen läßt.
Der billige geäderte Körper erscheint,
gedreht um sich selbst
wie ein Winterwind.

Der Denker

Die neuen rosa Pantoffeln meiner Frau
haben lustige Puschel.
An den seidenen Zehen und Leisten
findet sich weder Fleck noch Dreck.
Die ganze Nacht lang
ruhen sie nebeneinander
unter der Kante ihres Betts.
Zitternd fällt frühmorgens auf sie
mein Blick, und ich lächle.
Später sehe ich sie
Treppen hinabsteigen
durch Türen flitzen
um Tische eilen
majestätisch schreiten sie
und schütteln ihre lustigen Puschel!
Und heimlich in Gedanken
spreche ich mit ihnen –
vor lauter Glück.

(1921)

Der Dschungel

Nicht die reglose Last
der Bäume, nicht
das Innre des Waldes atemlos,
von Schlingpflanzen armdick

gewürgt, nicht Fliegen, Schlangen,
nicht die geängstigten Affen,
immerfort schreiend, gehetzt
in den Ästen –

sondern

ein Mädchen das wartet
scheu, braun, sanftäugig
und dich bei der Hand nimmt –
Eine Treppe höher, der Herr.

(1922)

Für Elsie

Die reinen Produkte Amerikas
spielen verrückt –
Bergvolk aus Kentucky

oder dem gerippten Norden von
Jersey
mit seinen entlegenen Seen und

Tälern, seinen Taubstummen, Dieben
den alten Namen
und wahlloser Paarung zwischen

Hol-uns-der-Teufel-Typen,
die sich dem Eisenbahnbau
aus schierer Lust am Abenteuer verschrieben –

und jungen Nutten, die
im Dreck stecken
von Montag bis Samstag

um an diesem Abend reingelegt zu werden
mit dem Tand
von Träumen, die keine

bäuerlichen Traditionen haben, um ihnen
Charakter zu geben,
die aber flattern und wehen

nichts als Fetzen – die sich hingeben ohne
Gefühl
außer taubem Entsetzen

unter irgendeiner Würgkirschen-
oder Schneeballhecke –
das sie nicht ausdrücken können –

Es sei denn, daß eine Ehe,
vielleicht
mit einem Schuß Indianerblut

ein Mädchen ausspeit, so elend
so umzingelt
von Krankheit und Mord

daß es aufgelesen wird von einem
Polizisten –
großgezogen vom Staat und

mit fünfzehn zur Arbeit geschickt in die
beengten Verhältnisse
irgendeines Vorstadthaushalts –

zu einer Arztfamilie, eine Elsie –
wollüstiges Wasser,
das mit kaputtem

Hirn über uns die Wahrheit spricht –
ihre großen
plumpen Hüften und baumelnden Brüste

gewidmet billigem
Klunkerkram
und reichen jungen Männern mit scharfen Augen

als ob die Erde unter unsren Füßen
Exkrement
irgendeines Himmels wäre

und wir Gefangene, herabgewürdigt und
verurteilt
zu hungern bis wir Unrat fressen

während die Imagination auf der Jagd
nach Wild
an Goldrutenfeldern vorbei

durch stickige Septemberhitze streift
Irgendwie,
so scheint's, zerstört sie uns

Nur an vereinzelten Stellen
strömt
etwas aus

Keiner da, es
wahrzunehmen
und zu richten, keiner da, den Wagen zu fahren.

(1923)

Wilde Möhre

Ihr Körper ist nicht so weiß
wie Anemonenblüten noch so glatt – noch
überhaupt ein so entlegenes Ding. Es ist ein Feld
wilder Rüben die mit Gewalt
das Feld nehmen; das Gras
kann sich nicht behaupten.
Weiß steht hier nicht zur Debatte,
weiß wie's nur geht, mit einem Purpurmal
in der Mitte jeder Blüte.
Jede Blüte ist ein Handspann
ihrer Weiße. Wo immer
seine Hand lag ist jetzt ein
winziger Purpurfleck. Jeder Teil
blüht auf unter seiner Berührung
der sich die Fasern ihres Seins
entgegenstemmen, jede für sich, jede bis an ihr Ende,
bis das ganze Feld ein
weißes Verlangen ist, leer, ein einziger Stengel,
eine Traube, Blüte an Blüte,
ein frommer Wunsch ins Weiße übergegangen –
oder nichts.

(1925)

Botticellis Bäume

Das Alphabet
der Bäume

verblaßt im
Lied der Blätter

die gekreuzten
Rippen der mageren

Lettern die den Winter
buchstabieren

und die Kälte
haben sich

durch Regen und Sonne
in ein helles Grün

gekleidet –
die einfache

Fügung der
nackten Zweige

hat sich verändert
durch aufgesetzte

farbige Tupfer, Innig-
keiten

ein Lächeln der Liebe –
. . .

bis die entblößten
Sätze

sich wie Frauenbeine
unterm Kleid bewegen

und aus der Deckung
heftig entflammt

die Herrschaft der Liebe
im Sommer preisen –

Im Sommer erhebt sich
das Lied allein

über die verhüllten Wörter –

(1930)

Eheritus

Oberhalb
der Finsternis eines Flusses, über
dem eisigen Winterfirmament
träumt die Silhouette einer Stadt:

Alles mein! eine Blume,
eine Frucht, ein Tier, sich selbst überlassen –

Es erkennt mich nicht
und wird es nie. Doch ist es meins,
und mein Herz geht hinaus, geht
stumm –

aber beredt in
meiner eigenen Brust für dich, die ich liebe
– und kann gar nicht sagen, was
meine Liebe ist, wie sie sich ändert, obwohl
ich sie verschwende –

Sie ist
ein Fluß durch Unrat
aus trockenen Krautstengeln
und Muscheleisflieder fällt
herab, als wäre er schwer vor Gedanken
an dich –

Das ist mein Gesicht, und seine Stimmung
meine Stimmung, ein geriffeltes Weiß
erzittert in einem Fließen
einem schnellen, das beständig ist wie
ein Teich –

Eine Polin in
dem beißenden Wind, die Arme
um ihre Brust geschlungen,
schlurft näher. Sie schaut,
nach was? flußab. Das ist der Duft
der alten Welt: die Armen,
die Ungelenken, leidenschaftlich im Griff
von Irrtum, von Überzeugung –

Jetzt rollt ein Junge
ein großes schweres Metallfaß
von unten das Flußufer hoch.
Die Frau und der Junge, zwei
Diebesfiguren, kämpfen mit
dem Ding ... in diesem Licht!

Und stets
ist da der eine nackte Baum
direkt am Wasserspiegel und –

mein Gesicht
immer dein!

(1930/1934)

Nur damit du Bescheid weißt

Ich habe die Pflaumen
gegessen
die im Eisschrank
waren

du wolltest
sie sicher
fürs Frühstück
aufheben

Verzeih mir
sie waren herrlich
so süß
und so kalt

(1934)

Junge Frau am Fenster

Sie sitzt mit
Tränen auf

der Wange
der Wange auf

der Hand
dem Kind

auf dem Schoß
seine Nase

gedrückt
ans Glas

(1934)

An eine Frau die ich einst sah

Niemand ist schön
wie du es bist

ein ins Meer gefallener
grüner Zweig

der gerempelt
und zerknickt wurde

damit er nach etlichen
Jahren zurückkehrt

ganz Gradheit
und Strenge aus

dieser Preßform – ich
bin fertig mit dir.

(1940)

Das Unbekannte

Gibt es dich
mein schöner Vogel
fliegst du
über dem Schnee?

Fliegst du
wirklich
oder bilde ich mir
es ein?

Flügel und Brust
Detail
unbezweifelbar
vorhanden –

Oder denke ich nur
du seist
vollkommen
in Lüften?

(1941)

Ein freundlicher Abschied

Du? Ausgerechnet.
Du saugst mir das Blut aus,
das ist alles.

Ich soll mich
um den Müllkutscher
und um den Bäcker kümmern?

Ich denke nicht dran.
Wie du mir
so ich dir.

Geh meinetwegen
zum Teufel. Ich
komm nicht wieder.

(1941)

Schmeichelei

Für F. W.

Du sagst mir, daß ich mich selbst
mehr liebe als alles andere.

Aber wie sollte ich das begreifen,
wärst du nicht, die einen Sinn verleiht,
der aus sich selbst genommen wurde,
damit er reichlich ist wie das Gras
unter deinem Zauber. Du hast mich
mir selbst gestohlen, damit ich
in tausend Formen aufgehe, voll von
Duft und Blicken, aus denen deine
eigenen Jahreszeiten bestehen.

(1941)

Ein Liebesgedicht

Tiefer Haß bringt
manchmal eine Blume hervor
reines Kristall
eine weiße Kamelie

Er nimmt
die Gestalt der Liebe an
ist Liebe
zu allen Erscheinungen

(1941)

Neue Wolken

Der Morgen, an dem ich dich zuerst liebte,
hatte eine hauchdünne Kluft an sich,
eine Leichtheit und ein Licht voll
kleiner runder Wolken, aufgestiegen über
den Boden, der sie gebar, ein Licht aus
Wörtern auf einem Papierhimmel, jedes für sich
bedeutsam und alle zusammen. Es war eine
stille Rede, locker und doch voller Lob
und Erinnerung – mit der Unruhe
des Wartens. Ja! ein Blatt, das von all dem
glühte, was es nicht war, eine Bedeutung mit
mehr Bedeutung als der Text, dessen
einzelne Ränder die Ränder des Himmels waren.

Sperlinge unter dürrem Laub

Die Sperlinge
am eisernen Zaunpfahl
kaum zu sehn

vor lauter dürren
Blättern, halb
zugedeckt

scharren sie
Laub auf, streiten
und tschilpen

schrill
suchen
und

picken den scharfen
Splitt, der guttut
dem Magen

und der Liebe
dunklem unersättlichen
Appetit

(1941)

Ewigkeit

Sie war, wie der Fluß,
aus dem Landesinneren gekommen und hatte jetzt Arbeit
in der Stadt –

Wann? Heute abend. Die Straße
war dunkel und sie schon über der Zeit. Zwei
junge Rüpel

waren den Hügel hinuntergetollt in
der Stille, quasselnd. Dann
hörte er

das Klappern ihrer Absätze – in seinem
Alter! und die Dunkelheit
wurde milchig

oben über ihm und schien sich zu
bewegen, herabzusenken. Sie
kam

ohne Hut, mit Perlenohrringen
und Mantel. Wohin
gehen wir?

Mein Freund hat auf mich gewartet,
es war schwer
wegzukommen.

Wo solltest du jetzt eigentlich sein?
Nacht, gewaltiger
als die Sturzflut

in den Zisternen von Noahs Brustkasten
brandete, ungeheure Nacht,
die aus Licht

eine Frucht schafft, die alles
Dunkel durchdringt.
Olympia

würde auf ihn warten, er schwamm
im Zickzack von ihr weg durch
dieses Dunkel;

halbe Dinge, aufgedunsen und aus-
gefault, hingen, standen im
falschen Winkel,

aufgegeben! dann
an die zweihundert Meilen gefahren,
einmal

den Tank gefüllt gegen Mitternacht und
immer links, auf der
Überholspur,

Bruder. Und die Sterne führten
ihr immergleiches Wunder auf.
Der Wind

erhob sich und heulte gegen drei Uhr morgens
in einem wärmenden Regenguß
auf. Schnell

oder langsam von Lichtkapsel zu
Lichtkapsel sah er zwischen
den Sternen

den Himmel! samten, in allen
Einzelheiten, wie ein Blatt, Zahlen
schwirrten im Kopf,

weiter, später hielt er unter einer
Straßenlampe um ein paar
Notizen zu machen.

Olympia, das Gesicht verzogen, aber erleichtert,
sagte nichts. Frühstück
um sieben.

(1944)

Vorspiel zum Winter

Der Falter unter der Traufe
mit Flügeln wie
Baumrinde liegt
symmetrisch still –

Liebe ist sonderbar, ein
samtgeflügeltes Ding
reglos unter der Traufe
wenn die Blätter fallen.

(1944)

Taugt auch nichts

Das ist das Mädchen,
ihr Bild war
in allen Zeitungen: gerade
14 Jahre alt und

abgehauen mit
dem Typen, den ihre Mutter
aufgegabelt hatte
in einem Schnapsladen.

(1948)

Die Tathandlung

Da standen die Rosen im Regen.
Ich bitt dich, schneid sie nicht ab.
    Sie werden sich nicht halten, sagte sie.
Aber sie sind so schön,
    wo sie sind.
Ach, schön waren wir alle einmal,
    sagte sie,
und schnitt sie und gab sie mir
    in die Hand.

(1948)

Auf ein anmutiges altes Luder

Sappho, Sappho, Sappho! Magd,
Eingeweihte Astartes,
du lobtest die zarten Blumen

und verglichst sie
den Jungfrauen die du kanntest.
Laß sie wachsen, gottlob!
vor den Friedhofsmauern:

Begräbnisse gegen bar
Aktien bieten Sicherheit,
aber wogegen –?

Der Schmetterling,
der farbige Admiral,
auf einem Nest von Schwalbenkraut
unter niemands Füßen,
soll dir Geselle sein und blaß
blaue Wegwarten, krause
Blüten

– Butterblumen,
Frauenschuh, und nahbei
der Rost des Müllhaufens
– Rost, löchrige Obstkörbe

und Stuckfetzen,
einseitig bemalte,

von abgerissenen Schlafzimmern.

(1948)

Hellwach vor Liebe

In diesem Zustand
blick ich zum Ende
und seh mich zurückkehren:
das zerfurchte Gesicht
wie das eines müden Reiters
auf einem müden Pferd
kommt näher ...

Was ist mit deinen Telleraugen
die mich
verführten? Deiner Stimme
deren Cellotöne
mich über das Thema
zu der Musik geführt haben?

Ich seh deinen mageren Hals
deine verbrauchten Schenkel
dein dünner werdendes Haar,
das deine runde Braue
beiseite schiebt, und
wende mich wieder
dem Gedanken zu: Auszuwandern

nach jenem Süden zu springen
wieder auf dem glänzenden
Gras dort
halb krank vor Liebe

und apathisch und
ohne mich zu erschrecken
vor dem grinsenden Wurm

(1949)

Übersetzung

Es ist nichts besonderes in der Begegnung, Süße,
  es gibt keine Anmut eines Dufts
in der Rose außer durch uns, den wir ihr geben
  durch unseren liebenden Vollzug.

Liebe hat nur Geschmack im köstlichen Wechsel
  unserer Zärtlichkeiten. Durch sie
erlangt das Veilchen sein Wort für Liebe, kein bloßer
  Duft sondern ein gesprochenes Wort,

einzigartige Zärtlichkeit. Aus diesem Grund erwache ich
  vor Tagesanbruch und zerknülle mein Kissen:
wegen der Seltsamkeit dieser Blume,
  deren Blütenblätter mir mehr verbergen

als ausgesprochen werden sollte von der Liebe,
  die alle Blumen vereint jenseits der
Zärtlichkeiten, damit sie diesen Geruch enthüllt,
  der Unsere Herrin ist, der wir dienen.

(1949)

Sanfte Entgegnung

Um diese Jahreszeit möcht ich
meine Arbeit hinwerfen und es
den alten Männern gleichtun –
damals am Kai von Villefranche
sah ich sie Seeschnecken fischen
mit einem gespaltenen Stecken
im seichten Wasser –

Ich weiß
was andres, sagte sie,
was du fangen könntest,
genauso leicht, im Frühling,
wenn du nur wolltest. Aber
du willst eben nicht, oder?

(1950)

Coda

Schlagendes Herz
Gefieder
von Flügel und Brust

Antithese
dieser hiesigen
Öde

In der Liebe
gilt, meine Liebste:
Detail ist alles

(ca. 1950)

Der Abstieg

Der Abstieg ruft
wie der Aufstieg rief.
Erinnerung ist eine Art
Vollbringung, etwas
wie eine Erneuerung
sogar eine
Initiation, denn die Räume, die sie öffnet, sind
von bisher unvorstellbaren
Horden bewohnt,
von neuen Arten –
denn ihre Bewegungen
wenden sich neuen Zielen zu
(auch wenn sie einst aufgegeben wurden).

Keine Niederlage besteht einzig aus Niederlagen – denn
die Welt, die sie öffnet, ist immer ein früher
ungeahnter Ort.
Eine
verlorene Welt, eine
Welt, ungeahnt,
ruft zu neuen Orten
wo kein Weiß (verloren) so weiß ist wie die Erinnerung
an die Reinheit.

Mit dem Abend erwacht die Liebe,
obgleich ihre Schatten,
die wegen der Sonne, die scheint,

lebendig sind,
        nun schläfrig werden und
                ihr Verlangen vergessen.

Liebe ohne Schatten regt sich nun
        und beginnt zu erwachen,
                während die Nacht
vorrückt.

Der Abstieg –
        Verzweiflungen
                ohne Vollbringung –
verwirklicht ein neues Erwachen:
                der Verzweiflung
Umkehr.
        Denn dem, das wir nicht vollbringen können,
was der Liebe versagt bleiben muß,
        was wir verloren haben in der Erwartung –
                folgt ein Abstieg,
endlos und unzerstörbar.

(1954)

An Daphne und Virginia

Nach Buchs riecht die Hitze.
Stört sie uns auf,
dann treibt eine Bewegung der Luft
unsre Gedanken,
die eben noch leblosen,
zu einem Leben hin, einem Leben, in dem
zwei Frauen Qualen leiden:
nichts Geringeres ist leben und atmen.
Zwei junge Frauen.
Der Buchsduft
ist der Duft von etwas, an dem
sie teilhaben, vereinzelt,
jede für sich,
wie auch ich teilhabe
. . vereinzelt.

Seht mir nach, daß ich euch anrede
durch ein Gedicht: es gibt kein anderes
taugliches Mittel.
Unser Geist
lebt in ihm. Es ist ungewiß,
kann uns narren und alleinlassen
in Qualen. Doch was kommt ihm gleich
an Unausschöpflichkeit?
Nichts. Wir

wären verloren
    ohne seine Flügel,
        um loszufliegen.

Der Geist ist die Ursache unserer Trübsal,
    doch mit ihm können wir von neuem bauen.
        Oh etwas Größeres als das,
wohin er abhebt:
    die Welt einer Frau
        aus gekreuzten Stöcken, das Denken
blockierend. Eine neue Welt
    ist nur ein neuer Geist.
        Und Geist und Gedicht
sind aus einem Stoff.
    Zwei junge Frauen –
        sie heißt es betören;
Buchsduft –
    um sie zu fesseln und festzuhalten
        für des Geistes Gebärarbeit.

Alle Frauen haben Männern gegenüber
    ein ähnliches Schicksal;
        und da ist immer ein
anderer, so wie ich,
    der sie liebt,
        alle Frauen liebt, doch
oft selber, berührt er sie,
    wie andere Männer
        kopflos wird.

Ich habe zwei Söhne,
die Ehemänner dieser Frauen;
auch sie leben
in einer Welt aus Liebe
vereinzelt.
Soll dieser Duft von Buchs in der Hitze
nicht auch sie berühren
einer Welt von Frauen gegenüber
die ihnen
versperrt ist
durch eben diese Gerüche, die verlocken ohne
zugänglich zu machen?
In unserer Familie stammeln wir, ehe uns
– halb von Sinnen –
endlich das Reden gelingt.
Und ich bin kein
junger Mann.
Meine Liebe fällt mir zur Last.
Es ist eine Liebe,
geringer als
eines jungen Mannes Liebe, aber
wie dieser Buchsduft
durchdringender, unendlich
durchdringender,
daher unwiderstehlich.

Es gibt in dem harten
Geben und Nehmen
des Lebens eines Mannes mit einer Frau

etwas, das nicht eigentlich Zwang ist,
sondern jenseits
und darüber hinaus,
etwas,
das sich erheben will,
sich freirütteln.
Wir sind keine Meisen
auf einem kahlen Ast
mit einem Wurm im Schnabel:
Der Wurm ist in unseren Hirnen
und betrifft sie
und ist für unsere Nachkommenschaft
keine Nahrung. Er will
unser Denken zerstören
und es
zu den Zeitungen
oder sonstwohin werfen.
Es gibt, kurzum,
einen Gegenzwang
aus sexueller Erschütterung geboren,
die ihn überlebt
im Einklang mit dem Mond,
unbeirrbar.
Das ist natürlich
nicht alles;
nicht Frauen allein
betrifft es.
Doch schließlich kann man,
wenn dieser heilende Duft sich ausbreitet,
ein Gedicht schreiben.

Hier auf dem Land
auf einer alten Farm
frühstücken wir
auf einem Balkon unter einer Ulme.
Die Sträucher unter uns
sind verwahrlost. Und
dort, eingelocht,
denn er fräße den Garten auf,
lebt ein zahmer Ganter, der
den Kopf
seitwärts hält
und zu uns heraufsieht,
ein sehr ruhiger alter Kerl,
der keine Gedichte schreibt.
An schönen Morgen sitzen wir dort,
im ständigen Hin und Her
der Vögel.
Ein Drosselpärchen
baut ein Nest,
zum zweiten Mal schon
in diesem Frühjahr. Männer,
wider ihre Vernunft,
reden mitunter von Liebe,
wenn sie alt sind. Das ist
alles, was sie tun können,
außer sie sehen einem schweren Ganter zu,
der watschelnd im Schlamm seines
Pfuhls platscht.

(1954)

Das Orchester

Die genaue Gegenstimme
zu einer Kakophonie von Vogelrufen
hebt die allmächtige Sonne
auf ihren Platz: Holzbläser,
Klarinetten und Geigen
spielen ein verlängertes A!
Ah! die Sonne, die Sonne! sie geht auf
und schickt ihre Strahlen
wie sie es stets getan
auf uns alle,
auf Geschlagene und auf solche,
die es besser haben,
Männer und Frauen,
auf die Alten,
auf Kinder und Kranke,
die im Sterben liegen und eigentlich
schon tot in ihren Betten sind,
für die ihr Licht
zu spät kommt. Das Cello
schraubt seine tiefen Töne
entschlossen in ein hohes
Ah, ah und ah!
zusammen, unabgestimmt
auf der Suche nach einem gemeinsamen Klang.
Liebe ist dieser gemeinsame Klang,
erheben soll sie ihr feuriges Haupt
und spielen ihre Melodie.

Der Sinn eines Orchesters
ist es, diese Klänge zu fügen
und zu fassen
in einer geordneten Form
gegen die Kraft
des »falschen Tons«. Nun, sollen wir
denken oder hören? Gibt es einen Ton,
nicht gänzlich fürs Ohr bestimmt?
Halb schließen wir
die Augen. Wir hören ihn
nicht mit den Augen.
Es ist auch kein
Flötenton, es ist das Verhältnis
von einem Flötenton zu einem
Paukenschlag. Weit geöffnet
bin ich. Der Geist
hört. Das Ohr
ist wachsam. Aber
das Ohr, nicht ganz bei der Sache,
entspannt sich
. . und fängt zu gähnen an.

Nun also beleben die Geigen,
in drei Reihen gestaffelt,
die Szenerie,
pizzicato. Für eine kurze
Erinnerung oder
um den Hörer zu fordern

wird das Thema wiederholt
in einer Variation:
ein Grundsatz der Musik
ist die Wiederholung des Themas.
Wiederholen und wiederholen,
wie es das Tempo erfordert. Das
Thema ist nicht einfach,
aber auch nicht schwerer
als die Auflösung
der Fakten der Welt. Wiederhole
und wiederhole das Thema
und all seine Variationen
so lange, bis der Gedanke
aufgelöst ist in Tränen.
Unsere Träume
sind bestürmt worden
von einer Erinnerung, die nicht
schlafen will. Die
Waldhörner
unterbrechen
. . ihren Jubel:
Ich liebe dich. Mein Herz
ist unschuldig. Dies ist
der erste Tag der Schöpfung.

Sage ihnen:
»Der Mensch hat bis heute überlebt, weil er zu unbegabt war, seine Wünsche zu verwirklichen. Heute, da er sie zu verwirklichen in der Lage ist, muß er sie entweder neu fassen – oder er wird verderben.«

Nun ist es Zeit .
trotz des »falschen Tones«.
Ich liebe dich. Unschuldig
ist mein Herz.
Und dies ist der erste
(und der letzte) Tag der Schöpfung.

Die Vögel lärmen nun wieder,
aber eine Idee
überwölbt ihr Gezwitscher.
Es ist eine Idee vom Menschen
die sie zwitschern läßt.
Es ist eine Idee.

(1954)

Am Valentinstag

Am Valentinstag
        ging ich meine Liebe suchen,
                eine Straße hinauf
und eine andere hinunter.
        Das Herz war mir schwer,
                weil ich ihr nichts schenken konnte.
Was sollte ich sagen?
        Die Straßen waren leer,
                deshalb traf ich niemanden.

Ja, ich wußte, sie konnte nicht fern sein,
        denn die Sonne schien
                fröhlich!

Obwohl du mich alt findest
        und ohne einen Pfennig,
                sagte ich zur Stille des Gartens,
werde ich Mut fassen,
        denn ein Schneeglöckchen beginnt zu blühn,
                es lächelt mir zu
aus dem eigenen Garten,
        lächelt und lächelt zu mir hoch
                aus meinem eigenen Garten.

Ich liebe dich, ich liebe dich!
sagte ich zu der Blume und wußte,
daß meine Liebe nicht verloren ist,
wußte, daß ich mich nicht irre.

(1955)

Asphodele, jene grüne Blume

1. BUCH

. . .

Von Asphodele, jener grünen Blume
        Dir zu singen, Liebste,
                komme ich.
Mein Herz springt
        beim Gedanken, Dir Neues
                zu bringen von etwas,
was Dich betrifft
        und viele Menschen betrifft. Schau Dir an,
                was sich als neu ausgibt.
Du wirst es nicht dort finden, sondern
        in verschmähten Gedichten.
                Es ist schwierig,
Neues aus Gedichten zu ziehen,
        doch sterben täglich viele Menschen elendig,
                weil sie ermangeln
was dort gefunden wird.
        Hör mich an,
                denn es betrifft auch mich
und jeden Menschen,
        der in seinem Bett in Frieden sterben will
                zudem.

2. BUCH

Dem Tod uns nähernd,
dem Tod der Liebe, wie wir meinen,
vermag keine Unterscheidung mehr,
die Einzelheiten
von Ort und Umstand
auseinanderzuhalten,
mit denen wir so lange
vertraut gewesen sind.
Alles sieht
wie im Wasser
schwankend aus.
Wir fahren auf, hellwach, mit einem Schrei
des Erkennens,
doch bald verschwimmen
die Umrisse wieder.
Wenn wir unsere Zeit verstehen wollen,
müssen wir den Schlüssel zu ihr finden,
nicht im achtzehnten
und neunzehnten Jahrhundert,
sondern in früheren, wilderen
und dunkleren Epochen . .
Um so zu wissen, was ich wissen sollte
über meinen Tod,
damit er wirklich sei,
muß ich ihn auseinandernehmen.
Was denkt Eure Generation
über Cézanne?

fragte ich einen jungen Künstler.
Die Abstraktionen der Hindu-Malerei,
entgegnete er,
sind im Augenblick das Einzige, das mich interessiert.
Er mochte mein Gedicht
über die Stücke
einer zerbrochenen Flasche
die grün in den Schlacken des Hinterhofes
eines Krankenhauses herumlagen.
Dann gab es auch, in seiner Erinnerung,
das über eine bunte Tapete
von dem er gehört,
das er aber nicht gelesen hatte.
Ich war ihm dankbar
für sein Interesse.
Erinnerst Du Dich,
wie wir in Interlaken
vier Tage warteten,
um die Jungfrau zu sehen,
doch regnete es ohne Unterlaß.
Dann
kurz vor Abfahrt des Zuges
auf den Wink einer der Kellnerinnen hin
stürzten wir
zum Gipfel-Platz
und da war sie!
in der Ferne,
mit Neuschnee bedeckt.
Ich erinnere mich,
daß ich in Granada

bei übermächtiger Hitze
    einen baumlosen Hügel hochgeklettert bin,
        von dem man die Alhambra sah.
Als ich auf der Anhöhe auftauchte,
    machten sich zwei kleine Jungen,
        die dort
spielten,
    aus dem Staube.
        Beim Abstieg
einen neuen Pfad entlang
    fand ich mich plötzlich
        von Zigeunerinnen umringt,
die an mich herantraten,
    ein bißchen Spanisch konnte ich,
        und mir die Richtung zeigten,
angeführt
    von einem jungen Mädchen.
        Das waren die Höhepunkte.
Die Tode, die ich litt,
    begannen in den Köpfen
        um mich herum, meine Augen
waren zu scharf,
    um nicht die Schäbigkeit der Welt
        zu durchschauen.
Ich nahm es
    als mein Los hin.
        Die Reichen
forderte ich heraus,
    oder nicht so sehr sie,
        da sie ihren Nutzen haben,

als jene, die sie sich zur Richtschnur nehmen.
Ich lebte,
um über dem Gestank zu atmen,
ohne zu wissen, wie ich in meiner Person
letzten Endes besiegt
werden würde. Ich war verloren,
wenn mir das Gedicht mißlang.
Aber selbst wenn ich von der See komme,
dann nicht, um
vom Schimmer der Wellen
ganz hingerissen zu sein.
Der freie Austausch
von Licht auf ihrer Oberfläche,
die ich mit einem Garten
verglichen habe,
sollte uns nicht täuschen
oder sich als ein zu schwieriges Muster
erweisen.
Das Gedicht,
wenn es die See zurückstrahlt,
strahlt nur
ihren Tanz
über jener dunklen Tiefe zurück,
auf der
sie zu triumphieren scheint.
Die Bombe macht all dem
ein Ende.
Man gibt mir zu denken,
daß
die Bombe auch

eine Blume ist,
unserer Zerstörung
nichtsdestoweniger
geweiht.
Das bloße Bild
der explodierenden Bombe
fasziniert uns,
so daß wir nicht warten können,
davor
den Kniefall zu üben. Wir glauben nicht,
daß Liebe
unser Leben so in Trümmer legen kann.
Das Ende
wird kommen
zu seiner Zeit.
Unterdessen
macht uns die Bombe
und ihre kindliche
Beharrlichkeit
sterbenskrank.
Tod ist keine Antwort,
keine Antwort –
für einen blinden alten Mann,
dessen Knochen
sich wie die See
bewegen,
einen geschlechtslosen alten Mann,
für den er eine See ist,
woraus seine Gedichte
gemacht sind.

Es gibt keine Macht
so groß wie die Liebe,
die eine See ist,
die ein Garten ist –
so ausdauernd
wie die Gedichte
jenes blinden alten Mannes,
bestimmt,
für immer zu leben.
Wenige Menschen glauben das,
noch an die Spiele der Kinder.
Sie glauben eher
an die Bombe
und werden durch die Bombe
sterben.
Vergleiche Darwins Reise auf der *Beagle*,
die Entdeckungsreise schlechthin,
mit dem Tod
incommunicado
auf dem elektrischen Stuhl
der Rosenbergs.
Es ist das Zeichen der Zeit,
daß wir, selbst wenn wir verurteilen
wofür sie standen,
ihre Seelenstärke bewundern.
Aber Darwin
öffnete unsere Augen
für die Gärten der Welt,
als *sie* sie schlossen.
Oder nimm diese andere Reise,

die so viel versprach,
aber wegen der Habgier der Welt,
die Haß erzeugte
durch Angst,
so verheerend endete;
eine Reise,
die mich so sehr beschäftigt hat,
die der *Pinta*,
der *Niña*,
und der *Santa Maria*.
Wie die Welt ihre Augen öffnete!
Sie war eine Blume,
auf die April von den Himmeln
herabgestiegen war!
Was für eine bittere
Enttäuschung!
Im Grunde
führte dies vor allem
zu den Toden, die ich gelitten habe.
Denn es wurden mehr Geister
als die der Entdecker
entfacht
und zu einem Takt
zum Tanzen gebracht,
einem neuen Takt!
Bald verloren!
Der Takt selbst
ging verloren
und wir leiden darunter.
Wir kommen schweigend

zu unserem Tod.
    Die Bombe spricht.
        Alle Unterdrückungen,
von den Hexenprozessen in Salem
    zu den jüngsten
        Bücherverbrennungen
sind Bekenntnisse,
    daß die Bombe
        in unser Leben getreten ist,
um uns zu zerstören.
    Jede Bohrung nach Öl,
        in die Erde getrieben,
dringt auch
    in meine Seite ein.
        Vergeudung, Vergeudung!
beherrscht die Welt.
    Es ist das Werk der Bombe.
        Was sonst war der Brand
im Jockey Club von Buenos Aires
    (*malos aires* müßte es heißen),
        als mit Peróns Duldung
der Pöbel neben den Büchern auch
    die unschätzbaren Goyas
        zerstörte,
die dort hingen?
    Du weißt, wie wir
        die wenigen Bilder hüteten,
an denen wir jetzt noch hängen,
    besonders das
        von dem toten

Charlie Demuth.
    Aus Deinem Lächeln
        und ähnlich nebensächlichen Dingen
setzt sich mein geheimes Leben
    zusammen,
        dem Leben eines Babys,
das gestorben wäre,
    hätte ich nicht eingegriffen.
        Aber die Worte,
nur aus Luft gemacht
    oder weniger,
        die zu mir
aus der Luft kamen
    und darauf bestanden,
        niedergeschrieben zu werden,
das bedauere ich am meisten –
    daß sie
        versiegt sind.
Denn allem zum Trotz,
    all dem, was ich selbst vorangebracht habe,
        wuchs jenes eine Bild,
das ich so leidenschaftlich
    liebe wie Du
        und so
brachte es uns zusammen.

. . .

3. BUCH

Du hast mir vergeben
und mich wiedergeboren.
So daß ich Dir hier
am Ort, der in der Imagination
der Erinnerung
an die Toten
geweiht ist,
eine letzte Blume
bringe. Denke nicht,
daß es, weil ich es
in einem Gedicht sage,
leicht zu nehmen sei
oder die Tatsachen es nicht tragen.
Sind Tatsachen nicht Blumen
und Blumen Tatsachen
oder Gedichte Blumen
oder alle Werke der Imagination
auswechselbar?
Was beweist,
daß Liebe
sie alle regiert, denn
dann wirst Du meine Königin sein,
meine Königin der Liebe
immerdar.

CODA

Vom Feuer nicht zu trennen
geht sein Licht
ihm voraus.
Dann folgt,
was wir gefürchtet haben –
doch kann es niemals
besiegen, was vorausgegangen war.
In der gewaltigen Kluft
zwischen dem Blitz
und dem Donnerschlag
ist Frühling getreten
oder ein tiefer Schnee gefallen.
Nenn es Greisenalter.
In dieser Spanne
haben wir gelebt, ein Füllen
herumtollen zu sehen.
Hab keine Eile
lache und spiele
noch eine Ewigkeit lang
wird die Hitze das Licht nicht einholen.
Das steht fest.
Das verschneidet die Bombe,
und erlaubt dem Verstand,
sie in Schach zu halten.
Das ist jenes Intervall,
jenes süßeste Intervall,
wenn Liebe blühen,

früh kommen, spät kommen
  und sich dem Liebenden schenken wird.
Nur die Imagination ist wirklich!
  Wieder und wieder
    habe ich das kundgetan.
Stirbt ein Mensch,
  dann weil der Tod
    sich zuerst
seiner Imagination bemächtigt hat.
  Verweigert er sich aber dem Tod –
    dann kann ihm kein größeres Übel
widerfahren,
  es sei denn, der Tod der Liebe
    trifft ihn
in vollem Galopp.
  Dann allerdings
    erlischt
für ihn das Licht.
Aber Liebe und die Imagination
  sind aus einem Guß,
    schnell wie das Licht,
um Zerstörung zu verhindern.
  So kommen wir dazu, den Flug der Zeit
    zu beobachten wie wir Sommerblitze
oder Leuchtkäfer beobachten,
  sicher,
    durch die Gnade der Imagination,
aufgehoben in ihrer Obhut.
  Denn wenn
    das Licht selbst

entkommen ist,
dann fällt das ganze Gebäude,
das ihm entgegensteht.
Licht, die Imagination
und Liebe
behaupten
in unserer Zeit,
kraft Naturgesetzes,
das wir verehren,
aus einem Guß
ihre Herrschaft.
Laß uns daher lieben,
zuversichtlich wie das Licht
in seinem Kampf mit dem Dunkel,
daß genau so viel
und mehr zu sagen ist
für die eine Seite
und nicht die dunklere,
die John Donne
zum Beispiel
unter vielen Menschen
uns vor Augen führt.
In dem Streit
um den jüngeren
und den älteren Tolstoi,
Villon, den heiligen Antonius, Konfuzius,
Rimbaud, Buddha
und Abraham Lincoln
geht der Sieg

immer an das Licht;
den, der am meisten das Licht verbreitet –
wie Du es auch nennen magst!
Das Licht
wird für alle Zeiten schneller sein
als der Donnerschlag.
Mittelalterlicher Prunk
ist menschlich und wir hören
gerne davon
so wie wir, in unserer Welt, mit Freude
Chaucer lesen,
und ebenso uns erfreuen
am Ornat des Priesters
(oder dem eines wilden Häuptlings).
Es ist alles
zur Feier des Lichts.
All das Gepränge und Zeremoniell
von Hochzeiten,
»Süße Themse, fließ ruhig dahin,
bis ich zum Ende meines Lieds
gekommen«, –
sind von der gleichen Art.
Auch für unsere Hochzeit
wurde das Licht geweckt
und strahlte. Das Licht!
Das Licht stand vor uns,
wartend!
Ich dachte, die Welt

stünde still.
Am Altar
war ich so angespannt
vor meinem Schwur,
so bewegt von Deiner Gegenwart,
ein Mädchen, so blaß
und nah der Ohnmacht,
daß ich Mitleid mit Dir hatte
und Dich beschützen wollte.
So wie ich jetzt darüber denke,
nach einer Lebenszeit,
ist es, als hielte sich
eine süßduftende Blume in der Schwebe
und öffnete sich
für mich.
Die Asphodele
hat keinen Duft
außer für die Imagination,
aber auch sie
feiert das Licht.
Es ist spät,
aber ein Duft
wie von unserer Hochzeit
hat sich für mich erneuert
und begonnen, wieder
in alle Sprünge meiner Welt
zu dringen.

(1955)

Eine Negerin

trägt ein Sträußchen Dotterblumen
        in altes Zeitungspapier
                gewickelt:
Sie trägt es erhoben,
        barhäuptig ist sie,
                die Wucht
ihrer Schenkel
        macht, daß sie watschelt
                beim Laufen
da wirft sie einen Blick
        in das Schaufenster
                das sie streift.
Gleicht sie denn nicht
        einem Gesandten
                aus einer anderen Welt
einer Welt hübscher Dotterblumen
        von zweierlei Färbung
                von der sie kündet
als wüßte sie gar nichts
        andres zu tun
                als durch die Straßen zu laufen
das Sträußchen erhoben
        wie eine Fackel
                so zeitig am Morgen.

(1955)

Die Efeukrone

Die ganze Entwicklung ist eine Lüge,
falls sie nicht,
gekrönt durch Exzesse,
energisch hervorbricht
aus ihrer Beschränkung,
auf diese oder auf eine andere Art –
oder eine tiefe Wurzel findet.
Antonius und Cleopatra
hatten recht;
sie haben den Weg
gezeigt. Ich liebe dich
oder ich lebe
überhaupt nicht.

Narzissenzeit
ist vorbei. Es ist
Sommer, Sommer!
sagt das Herz,
und noch nicht einmal in seiner ganzen Fülle.
Es sind
keine Zweifel erlaubt –
doch sie werden kommen
und uns
vor unserer Zeit
überwältigen.
Wir sind nur sterblich

aber da wir sterblich sind
    können wir unser Schicksal verachten.
        Wir mögen
durch einen äußeren Zufall
    sogar gewinnen. Doch wir erwarten nicht
        zu sehn, wie
Narzissen und Veilchen
    wieder erscheinen
        doch da sind
noch
    die Rosen!

Romantik ist nicht beteiligt.
    Die Sache der Liebe
        ist Grausamkeit, *welche*
wir durch unseren Willen
    verwandeln,
        um miteinander zu leben.
Sie hat ihre Zeiten,
    dafür und dagegen,
        was immer das Herz
sucht in dem Dunkel,
    um sich zu versichern,
        gegen Ende des Mai.
Wie es die Natur der Dornensträucher
    ist, Fleisch aufzureißen, ging
        ich durch sie
hindurch.
    Halte dich fern
        von den Dornensträuchern,

sagt man.
Du kannst nicht leben
und dich von den Dornensträuchern
fernhalten.

Kinder pflücken Blumen.
Laß sie.
Doch haben sie sie
in der Hand
haben sie keine andre Verwendung dafür,
als sie zerdrückt
an der Bordkante liegenzulassen.

In unserem Alter
hebt uns die Imagination
über die traurigen Tatsachen hinweg
und macht, daß vor den Dornen
Rosen stehn.
Sicher
Liebe ist grausam
selbstsüchtig und
vollkommen stumpf –
zumindest junge Liebe,
geblendet vom Licht, ist so.
Wir aber sind älter:
Ich um zu lieben
du um geliebt zu werden
haben wir,

gleichgültig wie,
durch unseren Willen überlebt
um den
juwelengeschmückten Preis
jederzeit
ergreifen zu können.
Wir wollten es so
und so ist es
jenseits des Zufalls.

(1955)

Klassisches Bild

Es ist ein klassisches Bild,
    Frauen machen sich immer mit ihrem Haar
                                        zu schaffen
        (schwesterlos wie ich bin
habe ich diesen Vorgang
    nie so aus der Nähe
        beobachtet wie diesmal); der Grund dafür
ist nicht klar –
    allerdings, ich gebe zu,
        eine ungepflegte Frisur
ist zwar nicht so abstoßend wie ein Schlangennest,
    aber abstoßend genug
        bei einer Frau.
Deshalb
    macht sie sich mit ihrem Haar zu schaffen,
        denn
eine Frau will nicht abstoßend wirken,
    außer,
        sie gewinnt dabei,
wenn sie hungrig ist,
    hungrig!
        wie ein Mann,
und jeder Hunger ist abstoßend
    und macht
        ein häßliches Gesicht.

Ihre Köpfe sind nicht wie die der Männer
Schmuck an sich.
Sie besitzen
andere Kräfte –
nicht nötig
sie aufzuzählen. Unter
ihren kunstvollen Frisuren
lauert ein Gespenst,
sich windende Schlangen
mit dem Anschein von Zöpfen.

Der Verstand einer Frau,
der messerscharf sein kann,
ist verurteilt,
wie der eines Dichters
jede erdenkliche List aufzubieten
um die Männer
in ihr Verderben zu führen.
Doch blick tiefer
in ihre Manöver,
und zerbrich dir noch so sehr den Kopf darüber
du durchschaust sie
nicht

(1955)

Lied

Schönheit ist
eine Muschel der See
die dort herrscht im Triumph
bis die Liebe ihren Willen mit ihr gehabt hat

Kammuschel und
Frauenmantel geformt
zu der Melodie
zurückflutender Wellen

Akzente unsterblich
wiederholt
bis Auge und Ohr
sich im selben Bett niederlegen

(1962)

Die Walddrossel

Glücklicher Mann es ist nicht
zu spät die Walddrossel
fliegt in meinen Garten

bevor es schneit sie sieht
mich an schweigend ohne
Bewegung ihre

gesprenkelte Brust reflek-
tiert tragische Winter-
gedanken meine eigene Liebe

(1962)

Die gestohlenen Pfingstrosen

Was ich von Frauen
hatte ist schwer
zu sagen Flossie

Nicht du
du lebtest mit mir
viele Jahre erinnerst du

dich an das Jahr
als unsere Pfingstrosen
so prächtig standen

wie glücklich wir
darüber waren
doch eines Nachts

stahl man sie uns
wir teilten uns in den
Verlust und dachten

einen ganzen Tag lang
an nichts anderes
nichts hätte uns

einander näher bringen können
wir waren
zehn Jahre verheiratet

(1962)

Calypsos

I

Einverstanden Gott
ist Liebe
also liebe mich

Gott
ist Liebe deshalb
liebe mich Gott

ist
Liebe also liebe
mich gut

II

Liebste die Sonne
geht auf
am

Morgen
und
am

Abend
flipp flapp
unter

III

Wir sahen
einen roten Hahn
mit

zwei Hennen
hinter
dem Museum

in
St. Croix
der schlug

mit seinen Flügeln
flipp flapp
und krähte

(1962)

Sonett auf der Suche nach einem Autor

Nackte Leiber wie geschälte Stämme
geben mitunter süßesten
Geruch von sich, Mann und Frau

unter den Bäumen in voller Extase
im Einklang mit dem Kissen aus
duftenden Kiefernnadeln
mit Fäden von Geißblatt durchwachsen –
der Stoff für ein Sonett

ja, Stoff für ein Sonett! Geruch von Extase
Geruch von Kiefernnadeln, Geruch
geschälter Stämme, Geruch von keinem Geruch
als dem des Geißblatts, das

ohne Geruch ist, Geruch einer nackten Frau
mitunter, Geruch eines Mannes.

(1962)

Sappho, sei getröstet

Es gibt eine Liebe nur
laß sie ein Sperling sein
den du zwischen den Brüsten hältst
        der uns täglich mit seinen kleinen Schreien begrüßt

Wie wichtig ist das?
Ich liebe, sagen wir, eine Frau
aber um ehrlich zu sein
        mich liebe ich mehr. Und Sappho

liebt die Musik ihrer eigenen
Lieder, die Männer selten
ihr bedeuten können, ein liebliches Mädchen
        in das sie verzweifelt vernarrt ist:

Das bin ich selbst auch wenn
mein gehässiger Spiegel
jeden Tag meine große Nase zeigt.
        Männer sind mir gleichgültig, mein Liebes

doch hätt ich noch einmal die Wahl
ich würde die Gabe zu dichten
auch nicht für all das hergeben,
        was du meinen leidenschaftlichen Umarmungen
                bedeutest.

(1962)

Nachwort

»Say it! No ideas but in things.«
William Carlos Williams

Wenn man – vorausgesetzt, man mag sich überhaupt auf solche müßigen Qualifikationen einlassen – die »Four Quartets« von T. S. Eliot als das »tiefste« Gedicht der englischsprachigen Poesie der Moderne bezeichnet und die »Cantos« von Ezra Pound als das ehrgeizigste und riskanteste Projekt dieses Aufbruchs; wenn die in allen kubistischen Formen und Farben schillernden Gedichte von Wallace Stevens das enigmatischste Werk darstellen und die mit Pathos aufgeladenen Gesänge des einsamen Tragikers Robinson Jeffers den anti-modernen Platz auf einer Klippe über dem Meer besetzen – welcher Ort ist dann für William Carlos Williams reserviert?

Wann immer auf Williams die Rede kommt, wenn das große Jahrhundert der amerikanischen Poesie gesichtet wird, herrscht uneingeschränkte Freude. Er gehört – wie Robert Frost – zu den Dichtern, bei denen einem nicht zunächst außerliterarische Umstände einfallen, die bis heute faszinieren – der verquere Katholizismus bei Eliot; der Beruf des peniblen Versicherungsdirektors bei Stevens; der anarchisch grundierte Faschismus bei Pound; die totale Isolation bei Jeffers –, sondern ausschließlich die Texte selber. Jedem, der ein wenig bewandert ist mit dem Werk von William Carlos Williams, fällt, im Original oder in der Übersetzung von Hans Magnus Enzensberger, sofort das kleine Gedicht ein, das es in den sechziger Jahren zu ungeahnter Popularität gebracht hat:

Nur damit du Bescheid weißt

Ich habe die Pflaumen
gegessen
die im Eisschrank
waren

du wolltest
sie sicher
fürs Frühstück
aufheben

Verzeih mir
sie waren herrlich
so süß
und so kalt

Oder man höre, was der Schweizer Schriftsteller Gerhard Meier aus Niederbipp, der in seinen Gesprächen mit Werner Morlang nie oder nur sehr selten auf Gedichte zu sprechen kommt, über seinen Kollegen William Carlos Williams aus Rutherford, New Jersey zu sagen hat:

»Da ist vor allem der Amerikaner William Carlos Williams zu nennen. Er war zeitlebens Arzt, sogar Armenarzt, und hat also nur in der Freizeit Gedichte geschrieben, auch Prosastücke, Romane. Bei William Carlos Williams habe ich gemerkt, wie herrlich das Unschöne, das Unästhetische, das Gewöhnliche, das Kleine aufleuchten kann, wenn es vor den rechten Hintergrund gesetzt wird. Ich bin schon ein wenig verliebt in diese zwiespältigen Erscheinungen. Es gibt ein wunderbares Gedicht von Williams, am liebsten möchte ich es gleich vorlesen:

Pastorale

In meinen jüngeren Jahren
war es mir klar:
es galt aus mir etwas zu machen.
Älter geworden
geh ich durch Seitenstraßen
und bewundre die Häuser
der ganz Armen:
das Dach verzogen und krumm
die Höfe mit altem Drahtzaun verstopft,
der Hühner wegen, mit Asche,
mit verkorksten Möbeln;
die Zäune und Lauben
aus Faßdauben erbaut
und Kistenbrettern, – dies alles,
wenn ich Glück habe,
mit einem Blaugrün bemalt,
das mir, verwaschen, vergilbt,
besser gefällt
als alle anderen Farben.

Niemand
will einsehen, daß all dies
von größter Bedeutung ist für die ganze Nation.

(Deutsch von Hans Magnus Enzensberger)

Diese kleine, banale, verschrobene, leicht vergammelte Welt kann von einer Menschlichkeit, von einer Schönheit sein ohnegleichen.«

Dieses unmittelbare Zutrauen zu Williams, die offenkundige Verläßlichkeit auf den von ihm ausgehenden Wärmestrom ist auch deshalb auffällig, weil dieser Dichter seinen Kampf um die Moderne ja keineswegs mit den Mitteln der Naivität geführt hat. Nein, für ihn und seine Generationsgenossen – Pound lernte er schon auf der Universität kennen – war es eine heroische Tat, eine moderne, mit der ungeheuren Dynamik der amerikanischen Gesellschaft vergleichbare Poesie und Poetik zu schaffen, die eben gerade nicht naiv sich von den Konsequenzen abwendet und sich verkapselt, sondern sich ihnen öffnet und ihre Herausforderungen annimmt. Aber die Konsequenzen der Dichter auf die Konsequenzen der Weltentwicklung konnten nicht unterschiedlicher ausfallen. Man muß nur einen Blick auf die theoretischen Steine werfen, die Pound auf die Höhen der Zeit zu rollen versuchte; eine Minute den herrischen Untergangsklagen lauschen, die Jeffers von seinem mit eigenen Händen gebauten Adlerhorst über dem Pazifik den schwächlichen, der Natur entfremdeten Menschen zurief – oder eben sich von Dr. med. William Carlos Williams an die Hand nehmen lassen, um die zentrifugal auseinanderstrebenden Temperamente, aus denen sich der amerikanische Traum (der Poesie) zusammensetzt, zu begreifen. Nicht nur gehen die Dichter der West- und der Ostküste getrennte Wege, sondern auch innerhalb der befreundeten Gruppen gibt es so viele Abweichungen, daß nicht einmal von Schulen die Rede sein kann. Octavio Paz, der einen schönen Essay über William Carlos Williams geschrieben und ihn zweimal besucht hat, kommt zu dem Schluß: »Williams ist der Autor der *lebendigsten* Gedichte der modernen nordamerikanischen Dichtung ... Frisch wie ein Strahl Quellwasser, klar und rein wie das gleiche Wasser in einem Glaskrug auf einem unpolierten Holztisch in einem weißgetünchten Zimmer in Nantucket. Wallace Stevens nannte ihn einmal ›eine Art Diogenes der zeitgenössischen Poesie‹. Seine Laterne, die am hellichten Tag brennt, ist eine kleine Sonne, die ihr eigenes Licht hat. Eine Doppelgängerin der Sonne und deren Widerpart: diese Laterne erhellt Gebiete, die dem Tageslicht nicht zugänglich sind.«

Aus solchen Sätzen wird sehr schnell deutlich, warum William Carlos Williams – anders als seine ebenso berühmten Zeitgenossen – immer ein Vorbild für die jüngeren Dichter war. Seine unprätentiöse Art, der Mangel an Eitelkeit, die Weigerung, als Seher in die Geschichte einzugehen, sein Lob des Handwerks und seine Verachtung von Ideen im Gedicht – all das und die Tatsache, daß William Carlos Williams lebenslang auch als Arzt den Menschen geholfen hat, hat dazu geführt, daß immer mehr junge Dichter, die brutale Erfahrung des Zweiten Weltkriegs im Nacken, sich auf William Carlos Williams beriefen, von Allen Ginsberg bis zu Robert Creeley oder Charles Tomlinson und Robert Duncan: »Klarer als jede Literaturgeschichte bezeugen diese Namen die Leistung eines einzelnen Mannes, der in seiner Kleinstadt nicht nur ein paar hundert Kinder ans Licht der Welt gebracht hat, sondern auch einige Gedichte, die das Amerikanische zu einer poetischen Sprache gemacht haben, wie sie auf der ganzen Welt verstanden wird«, so Hans Magnus Enzensberger 1962 in seinem Nachwort zur ersten Sammlung der Gedichte von Williams in deutscher Sprache. Seine Art, Gedichte zu schreiben, wirkte ganz offensichtlich wie ein sicheres Heilmittel für die von der Gesellschaft geschwächten mentalen Immunsysteme.

William Carlos Williams wurde 1885 in Rutherford als Sohn eines englischen Vaters und einer puertoricanischen Mutter geboren. Er studierte an der University of Pennsylvania (und kurz auch in Leipzig) Medizin und ließ sich als praktischer Arzt in seiner Heimatstadt nieder (davon zeugen seine *Arztgeschichten*); er heiratete 1912 (seine lebenslange Liebe) Florence Herman (die ihn überlebte). Er starb 1963 in Rutherford. Ein unauffälliges Leben, das nichts von dem enthält, was Amerika in der ersten Hälfte des 20. Jahrhunderts berühmt gemacht hat. Sein Werk dagegen ist das genaueste Sammelbecken eben dieser widersprüchlichen Bewegungen: Industrialisierung und Verarmung, Krieg und Demokratie, Rassentrennung und Traum von einem glücklichen Leben. Wie diese Widersprüche in wenigen Zeilen gebündelt werden können, zeigt sein berühmtes Gedicht:

Ich habe meinen Traum geträumt, wie andere auch,
und er ist zu nichts geworden, und so
steh ich nun hier, sorglos,
die Füße in den Boden gestemmt
und schaue hinauf zum Himmel –
ich spüre an mir meine Kleider,
das Gewicht meines Körpers in meinen Schuhen,
die Krempe an meinem Hut, die Luft, die ein und aus
durch meine Nase geht, und sage mir: es ist ausgeträumt.

(Deutsch von Hans Magnus Enzensberger)

William Carlos Williams hat viel geschrieben, Romane, Memoiren, Geschichten, Essays, Übersetzungen und Gedichte, darunter zwei Jahrhundertbücher: »In the American Grain«, das schönste und originellste Geschichtsbuch Amerikas, eine Sammlung loser Prosastücke über die Erschaffung des Kontinents; und »Paterson«, ein weit ausfächerndes Langgedicht, das als seine spezifisch amerikanische Antwort auf Eliots »The Waste Land« und Pounds »Cantos«, die in Europa entstanden, gedacht war. Der von dem Dichter James Laughlin gegründete Verlag New Directions in New York hat das Werk von Williams in mustergültigen Ausgaben immer wieder zugänglich gemacht, zuletzt, in zwei voluminösen Bänden, die »Collected Poems«, herausgegeben von Christopher MacGowan: Heute ist Williams der beliebteste Dichter Amerikas.

Die Liebe spielt in der Dichtung von William Carlos Williams eine, wenn nicht *die* zentrale Rolle. Aber nicht in dem Sinne einer narzißtischen Liebeslyrik, die die Entzückungen und Enttäuschungen der körperlichen Liebe in immer neue Worte kleidet – Indiskretionen sind bei diesem Dichter nicht zu erwarten –, sondern im Sinne einer Weltumarmung. Dieser Geograph des Sinnlichen geht über den Einzelfall hinaus, er entwickelt keine Theorie der Gefühle, sondern ein Gefühl für die Welt, die ihn umgibt. Gleich weit entfernt von einem romantischen Gefühl, von fiebriger Begierde und Liebe als Abstraktion, lehrt uns dieser nie verächtliche Dichter, was Liebe zu Menschen und Dingen sein könnte: eine oftmals geradezu kindliche Werbung für die gewaltige Aufgabe des Herzens.

Michael Krüger

Quellenverzeichnis

Die junge Hausfrau · Danse Russe · Bildnis einer Dame · Der Dschungel · Nur damit du Bescheid weißt · Das Unbekannte · Ein freundlicher Abschied · Sperlinge unter dürrem Laub · Vorspiel zum Winter · Die Tathandlung · Auf ein anmutiges altes Luder · Sanfte Entgegnung · Coda. Aus: William Carlos Williams, Die Worte, die Worte, die Worte. Gedichte. Amerikanisch und deutsch. Herausgegeben und übersetzt von Hans Magnus Enzensberger. © Suhrkamp Verlag Frankfurt am Main 1962.

Warten (Ü.: Karin Graf) · Ankunft (Ü.: Heinz Czechowski) · Für Elsie (Ü.: Walter Fritsche) · Wilde Möhre (Ü.: Joachim Sartorius) · Botticellis Bäume (Ü.: Michael Krüger) · Junge Frau am Fenster (Ü.: Erich Fried) · Ewigkeit (Ü.: Jochen Laabs) · Taugt auch nichts (Ü.: Michael Krüger) · Hellwach vor Liebe (Ü.: Heinz Czechowski) · Der Abstieg (Ü.: Heinz Czechowski) · An Daphne und Virginia (Ü.: Peter Gosse) · Das Orchester (Ü.: Michael Krüger) · Asphodele, jene grüne Blume (Ü.: Joachim Sartorius) · Eine Negerin (Ü.: Thomas Böhme) · Die Efeukrone (Ü.: Heinz Czechowski) · Klassisches Bild (Ü.: Jochen Laabs) · Lied (Ü.: Heinz Czechowski) · Die Walddrossel (Ü.: Heinz Czechowski) · Die gestohlenen Pfingstrosen (Ü.: Christoph Sorger) · Calypsos (Ü.: Heinz Czechowski) · Sonett auf der Suche nach einem Autor (Ü.: Peter Gosse) · Sappho, sei getröstet (Ü.: Jochen Laabs). Aus: William Carlos Williams, Der harte Kern der Schönheit. Ausgewählte Gedichte. Herausgegeben von Joachim Sartorius. © 1991 Carl Hanser Verlag, München – Wien.

Folgende Gedichte wurden für diesen Band neu übersetzt: Liebeslied · Liebe · Aprilerinnerung · Offenbarung · Hochzeit · Liebeslied (Zerknickte Gänseblümchen) · Liebeslied (Feg das Haus rein) · Tugend · Riposte · Liebeslied (Hier liege ich) · Der Denker · Eheritus. Aus dem Amerikanischen von Hans Jürgen Balmes.

An eine Frau die ich einst sah · Schmeichelei · Ein Liebesgedicht · Neue Wolken · Übersetzung · Am Valentinstag. Aus dem Amerikanischen von Jürgen Brôcan.

Abdruck der Übertragungen mit freundlicher Genehmigung der Übersetzer.

Alphabetisches Verzeichnis der Gedichtüberschriften und -anfänge

Inhalt